AF268242

LE

PATRIOTISME

DISCOURS

PRONONCÉ A LA DISTRIBUTION DES PRIX DE L'ÉCOLE LIBRE SAINT-IGNACE

(RUE DE MADRID)

Par le P. Georges LONGHAYE

DE LA COMPAGNIE DE JÉSUS

PARIS

LIBRAIRIE VICTOR LECOFFRE

90, RUE BONAPARTE, 90

—

1879

LE

PATRIOTISME

DISCOURS

PRONONCÉ

A LA DISTRIBUTION DES PRIX DE L'ÉCOLE LIBRE

SAINT-IGNACE

LE
PATRIOTISME

DISCOURS

PRONONCÉ A LA DISTRIBUTION DES PRIX DE L'ÉCOLE LIBRE SAINT-IGNACE

(RUE DE MADRID)

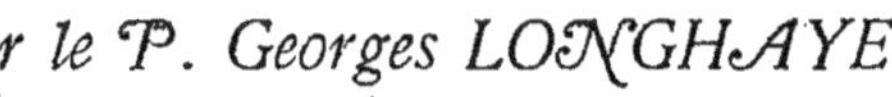

Par le P. Georges LONGHAYE

DE LA COMPAGNIE DE JÉSUS

PARIS

LIBRAIRIE VICTOR LECOFFRE

90, RUE BONAPARTE, 90

—

1879

LE

PATRIOTISME

Excellence, (1)
Mes chers enfants,

Ce n'est point un vain usage qui place une sorte de leçon publique à la dernière heure de vos années scolaires. Au moment de se proroger, l'enseignement dont vous êtes les fils aime à vous laisser encore un adieu grave et cordial, une parole rendue plus solennelle par la présence de vos familles, plus durable aussi peut-être par les circonstances où elle vous atteint.

Aujourd'hui quelle sera cette parole ?

Je voudrais, mes chers enfants, vous entretenir du patriotisme. Je voudrais vous dire ce que fait pour le

1. Monseigneur Meglia, nonce apostolique.

créer et le maintenir l'enseignement catholique, cet
enseignement partout le même quel que soit l'homme
qui le dispense, prêtre ou laïque, religieux de cette
robe ou de cette autre. Je voudrais écarter du même
coup certaines accusations étranges intentées précisé-
ment sous couleur de patriotisme au maître qui
s'inspire de Dieu, de Jésus-Christ, de l'Église.

Sujet immense. L'abréger sera mon regret, mais
je n'oublierai pas que c'est mon devoir.

I

L'enseignement catholique, mes chers enfants, a
des allures simples et modestes ; le fracas, l'étalage ne
sont ni dans ses traditions ni dans ses goûts. Qu'il
s'agisse de patriotisme ou de tout autre chose, aux
protestations bruyantes, aux excitations directes où
quelques-uns se complaisent, il préfère, lui, l'action
profonde et continue qui pénètre l'âme, la façonne et
l'affermit à jamais.

Le patriotisme ! Il vous en parle à ses heures ;
mais alors même qu'il ne le nomme pas, il vous le fait
respirer comme une atmosphère. Sans vous en avertir,
il vous attache par le fond de l'âme à tout ce qu'il y a

de réel et de vivant dans ce que vous appelez la patrie.

N'y soyez jamais trompés, du reste. Point de sentiment profond sans une vue précise; point de dévouement, point d'amour vrai que pour une réalité vivante et nettement aperçue. Eh bien! qu'est-ce que la patrie? qui la constitue? qui la fait? Une abstraction de la pensée? Une délimitation géographique ou politique? Non certes. On ne se dévoue pas, on ne meurt pas pour un fantôme de l'esprit ou pour un lambeau découpé sur la mappemonde. Et quant au reste, n'y a-t-il point des patries captives, absorbées par la force dans des unités politiques étrangères? Demandez à nos frères d'Alsace, par exemple, si le nouvel empire Allemand est pour eux la patrie.

La patrie, c'est tout d'abord le sol, le sol avec sa physionomie propre, avec les accidents qui le caractérisent et qui, malgré tous les éloignements, le gravent dans le souvenir en images ineffaçables. Voilà sans doute pourquoi l'homme qui a vécu dans un contact plus familier avec le sol primitif et agreste, sent plus vivement ce premier aspect de la patrie; voilà pourquoi le *paysan* — notez les mots et leur expressive coïncidence — voilà pourquoi le *paysan* souffre plus que d'autres le *mal du pays*.

Mais surtout le sol nous retient par les souvenirs qu'il nous garde, souvenirs étendus et variés comme la vie même, souvenirs intimes et profonds, mais d'ailleurs souvenirs partagés dont la communauté lie entre eux les compatriotes.

« Ainsi, dit gravement Bossuet, la société humaine demande que l'on aime la terre où l'on habite ensemble ; on la regarde comme une mère et une nourrice commune ; on s'y attache, et cela unit… Les hommes en effet se sentent liés par quelque chose de fort, lorsqu'ils songent que la même terre qui les a portés et nourris étant vivants, les recevra en son sein quand ils seront morts (1) ».

Terre natale, terre des berceaux et des tombes, terre de la famille en un mot ; et voici déjà, dans l'idée même de patrie, une réalité plus vivante et plus aimable : la famille dont la patrie n'est souvent que l'épanouissement historique, la famille d'où la patrie procède toujours comme de son type et de son élément immédiat. Ici encore les mots sont transparents, étincelants de lumière. La *patrie* c'est le lieu des *pères*, le lieu des ancêtres, le lieu des traditions et des souvenirs domestiques. Ah! vous le saurez, chers enfants, — et puissiez-vous ne point payer cette science trop cher! — il est des hommes qui feraient volontiers la patrie jalouse de la famille, effrayée de son indépendance, intéressée à son amoin-

---

1. Bossuet. Politique tirée de l'Écriture Sainte, livre I article I proposition III.

drissement. Tristes patriotes que ceux-là ! Certes le pays peut et doit demander à la famille le sacrifice de ses joies ; il peut lui demander l'or et le sang. Mais s'il veut des cœurs larges et un sang prompt à se donner, qu'il respecte la famille, qu'il en garde la pureté, qu'il en maintienne la sainte puissance. Pour lui-même c'est une question de vie ou de mort.

Joignons la religion à la patrie, au foyer l'autel. Quel point d'attache plus solide ? Quel centre d'union plus attrayant ? Vous avez lu l'histoire, l'histoire vraie. Dites, aviez-vous rencontré avant le xixᵉ siècle de l'ère chrétienne cet effort contre nature, cette tentative vraiment monstrueuse pour isoler le patriotisme de la religion ? Toujours vous avez vu les deux choses étroitement unies, parfois même jusqu'à une confusion sacrilège. A Sparte, à Rome la patrie est presque une idole. Quant au patriotisme athée, vous ne l'avez trouvé nulle part. L'autel, le foyer, voilà comme les deux pôles historiques de la patrie ; *pro aris et focis*, c'est le cri séculaire du patriotisme, et, quoiqu'on fasse, on n'accoutumera pas la France à concevoir jamais le village sans clocher et la patrie sans autels.

« La patrie, disait le dernier de nos archevêques martyrs, c'est la famille agrandie, c'est l'Église et la cité, c'est la nation et son histoire. (1) » Dernier trait

---

1. Monseigneur Darboy. — Lettre pastorale relative aux circonstances du siège de Paris. 21 novembre 1870.

qui achève le court tableau. — Vous savez le mot du
poëte :

C'est la cendre des morts qui créa la patrie (1).

Mais si la cendre des morts consacre la terre du pays,
dans l'histoire du pays il y a mieux que leur cendre,
il y a leur âme. Ignorer, mutiler, répudier l'histoire
nationale, c'est nous séparer de nos pères, c'est nous
expatrier à demi.

Sol natal, berceaux, tombes, foyers, autels, histoire, voilà donc les réalités augustes et chères qu'en-
veloppe le nom de patrie.

Et maintenant, j'en appelle à vous, chers enfants.
Que vous a dit sur toutes ces choses l'enseignement
catholique ?

L'avouerai-je ? Sans blâmer avec chagrin les con-
ditions actuelles de la société, l'enseignement catholique plaindrait volontiers tant d'existences contemporaines détachées et comme déracinées du lieu de
leur naissance, emportées çà et là par le tourbillon des
intérêts et des affaires ou seulement par leur oisiveté
inquiète. Non, ce n'est point tout à fait ainsi que la
foi entend notre condition providentielle d'étrangers
et de voyageurs ici-bas.

Quoi qu'il en soit, n'avez-vous point appris à

1. Lamartine.

aimer le sol de la France, mais à l'aimer d'une ten-
dresse profonde, réfléchie, lumineuse? On ne vous a
point donné seulement la science exacte de sa configu-
ration et l'admiration banale de sa richesse; on vous
l'a montré de plus fécondé par les sueurs de vingt
générations chrétiennes, baptisé de leur sang, fait de
leur poussière. Que s'il vous demande un jour de
mourir pour lui épargner des mutilations nouvelles,
vous irez au sacrifice, non pas seuls, mais plus fière-
ment et plus allègrement que d'autres, parce que vous
en saurez mieux le motif et la grandeur.

Parlerons-nous de la famille? Faudra-t-il vous
rappeler ce qu'est pour elle l'enseignement catholique?
Demandez-le plutôt à vos pères et à vos mères qui
m'entendent. Pour moi, je m'en remets à votre future
expérience. Gardez avec votre dignité personnelle le
sens et le goût des nobles choses, et je vous déclare
ceci : l'admiration, j'oserais dire l'éblouissement de
votre vie entière, ce sera la famille telle que l'enseignement catholique la conçoit et la fait. Générosité du
sang et de l'âme, berceaux bénis, tombes saintes,
dévouement vrai, amour sans mollesse, honneur sans
ombre : voilà quelques-uns des traits par où vous
ravira la famille catholique, et comme vous l'aimerez
du plus profond de vous-mêmes, ainsi aimerez-vous
la patrie qui ne s'en sépare pas.

Et les autels?... Chers amis, ils n'y aura jamais pour

vous que l'autel catholique. Quand on le déserte, hélas! ce n'est point même pour aller à un autre; c'est pour commencer de vivre sans Dieu. Alors on perd, avec son âme, une des forces, un des attraits, souffrez le mot, une des largeurs du patriotisme, en perdant la foi pratique au Dieu-Homme, hôte de nos villes et de nos villages, notre concitoyen, notre frère, centre vivant de chaque patrie, de chaque communauté chrétienne, mais aussi lien vivant de tous les peuples qui croient en lui. Si jamais elle ne vous disait plus rien au cœur, cette basilique que vous verrez grandir ici près, à Montmartre, sur la tombe du premier apôtre des Gaules, si vous cessiez de la comprendre comme l'emblême parlant de la patrie; laissez-moi vous l'avouer, il faudrait pleurer sur votre patriotisme désormais sans lumière et sans flamme; quinze siècles d'histoire nationale retomberaient pour vous dans la nuit.

Ah! l'histoire, l'histoire nationale, l'histoire universelle, on accuse l'enseignement catholique de l'entendre mal. Et qui donc l'entendra si ce n'est lui? Quand il a reconnu dans l'histoire, dans l'Évangile, qui est le plus historique des livres, le fait premier, le fait divin où notre foi s'appuie; alors, armé de cette foi comme d'un flambeau, l'enseignement catholique se meut à l'aise parmi les choses humaines. Ne craignez point qu'il s'égare : lui seul porte la lumière. Ne craignez point qu'il vous trompe, lui seul n'a jamais besoin de mentir. Sûr de posséder la vérité centrale de l'histoire, sûr qu'il n'y a pas de vérité contre cette vérité souveraine, il va sans crainte, cherchant partout le vrai, le vrai qui partout est l'allié, le tributaire de la foi. S'agit-il du pays, de la France? L'histoire catholique a des fiertés intelligentes, indépendantes aussi. Ne l'accusez pas d'être injuste au temps présent, mais n'espérez pas l'en faire l'idolâtre. N'exigez pas que, pour le flatter, elle dédaigne ou calomnie en masse treize siècles de tradition nationale. Et que gagnerait donc le patriotisme à supposer la patrie née d'hier ? N'exigez pas surtout que l'histoire catholique ait à la fois deux évangiles : elle n'en sait qu'un, celui qui a fait la France au baptistère de Reims, celui qui inspire encore, sans qu'on y prenne garde peut-être, tout ce que la France moderne conserve de sage, de juste, de généreux, de français. Non certes, ce n'est pas l'enseignement catholique de l'histoire qui émoussera en vous le sens des grandeurs nationales; ce n'est pas lui qui restreindra jusqu'aux passions étroites du sectaire le large et fier amour que vous portez à votre pays.

Le dirai-je ? Le patriotisme peut subir une épreuve délicate, douloureuse. Dans la longue vie d'une nation, tout n'est pas bonheur, hélas! tout n'est pas gloire non plus. Son histoire — ou présente ou lointaine, qu'importe? — offre nécessairement des pages qu'une main filiale aimerait mieux déchirer. En treize siècles de durée, en quatre-vingts ans de révolutions et de troubles, est-ce merveille si un peuple compte çà et là, une heure d'oubli et de délire? Est-ce merveille si quelques-uns de ceux qui l'ont conduit ou représenté ne nous semblent pas toujours avoir porté assez haut son honneur? La raison l'entend, mais le cœur en souffre; il y a là pour le patriotisme des humiliations poignantes et peut-être une tentation d'amer découragement. Eh bien! j'affirme que l'enseignement catholique vous armera entre tous contre cette tentation cruelle. Et comment? Il ne vous donnera pas seulement le secret des déchéances nationales; il ne vous en dira pas seulement l'infaillible, l'unique remède. Comprenez-moi, chers amis. N'est-ce point pour l'homme de foi chose habituelle, chose familière que de retrouver l'image de Dieu à travers tout ce qui la voile ou la défigure? Dans le maître légitime, dans le pauvre, dans l'enfant, dans tous nos frères, nous chrétiens, nous apprenons à démêler malgré tout la ressemblance divine, fût-elle ignorée, niée, blasphémée par ceux mêmes qui la portent et en qui nous la respectons. Voilà pourquoi si le front de la patrie, si le front de notre mère vous apparaissait jamais couvert de honte et de souillures, vous, les fils de l'enseignement catholique, vous y liriez encore sa noblesse avec l'empreinte de son baptême. Que d'autres en désespèrent ou la méconnaissent! Comme Véronique sur le chemin du Calvaire, votre piété indignée braverait tout pour effacer l'injure, pour rendre à la face humiliée de votre mère sa naturelle majesté.

Le temps vole et je n'achève encore que la moitié de ma tâche, la plus longue, il est vrai. Mais que de choses forcément omises! J'aurais dû vous montrer l'enseignement catholique vous façonnant au patriotisme parce qu'il vous façonne au dévouement et au respect. J'aurais dû vous le montrer écartant de vous ce qui tue l'amour du pays, c'est-à-dire l'égoïsme sous toutes les formes : égoïsme d'abstention et de non-intervention qui laisse faire tant qu'il ne se sent pas en cause ; égoïsme d'ambition capable — l'histoire a dû vous l'apprendre — de se faire un marche-pied de tout un peuple et d'exploiter comme une fortune jusqu'aux douleurs et aux humiliations d'une patrie. Mais en ajoutant tout cela, je n'apprendrais rien à personne et il faut se hâter.

Venons donc vite aux accusations que je vous ai promis de combattre.

II

Depuis les premiers légistes français, adorateurs de l'absolutisme, depuis Voltaire, cet étrange patriote, on a dit quelquefois sous une forme ou sous une autre : l'enseignement catholique, l'esprit catholique, le catholicisme en un mot, s'accorde mal avec le patriotisme. Le patriotisme ne voit que la patrie et ne s'inspire que d'elle. Le catholicisme — et son nom même l'avoue — le catholicisme regarde plus loin que la frontière nationale ; il suppose un autre intérêt que celui du pays ; il cherche ses inspirations et son mot d'ordre à l'étranger.

A l'étranger ! Que votre bon sens et votre foi en soient juges.

Dieu est-il étranger quelque part ? Si l'Homme-Dieu, si Jésus-Christ Notre-Seigneur recommençait ici-bas une existence visible et mortelle, s'il se réduisait une seconde fois à vivre en un lieu unique, à s'asseoir, comme on l'a dit, au foyer d'un peuple, quel autre peuple chrétien oserait le traiter d'étranger ?

L'Église, mes enfants, c'est pratiquement Jésus-Christ qui se continue ; c'est Dieu même vivant sur terre.

EXCELLENCE,

Celui que vous représentez auprès de notre pays, le chef de l'Église catholique, ce chef qu'un certain patriotisme ose bien dire étranger, il est, comme Jésus-Christ, comme Dieu même, citoyen né de toutes les cités chrétiennes; il est naturalisé de droit divin chez toutes les nations où Jésus-Christ est connu. Les siècles l'ont fait roi pour honorer, pour garantir en lui cette situation nécessaire et incomparable. On a pu détruire l'œuvre des siècles; le chef de l'Église peut être de fait un roi déchu; mais il ne peut être sujet de personne. Pourquoi? c'est que, devenant sujet quelque part, il deviendrait du même coup étranger partout ailleurs. Et voilà qui est impossible : il ne se peut que le père de la famille catholique soit étranger pour aucun de ses enfants. Dépouillé, errant, sans une pierre où reposer sa tête, il porterait sur toute terre chrétienne, avec son indépendance, avec son immunité personnelle, son universel droit de cité.

Mais encore, pourquoi prendre ombrage des inspirations que le croyant irait chercher hors frontières, auprès de ce citoyen du monde qui réside au Vatican?

C'est estimer possible une opposition entre l'intérêt catholique et l'intérêt de la patrie.

Chers amis, niez hardiment cette hypothèse; niez-la comme un défi à la nature des choses, niez-la comme un mensonge à l'histoire, niez-la comme un outrage à la patrie autant qu'à l'Église elle-même. Pourriez-vous imaginer l'intérêt du catholicisme à l'encontre ou en dehors du vrai, du bien, du juste? Et ce que vous ne pouvez admettre de l'intérêt catholique, le supposerez-vous de l'intérêt national, de l'intérêt français? Ferez-vous à votre pays cette injure de croire qu'il puisse être intéressé, vraiment intéressé à l'injustice? Non jamais. Dès lors, quel conflit reste à craindre? Sur ce terrain commun du juste, l'intérêt catholique et l'intérêt national ne peuvent se rencontrer que pour s'unir. La nature des choses le dit, et que ne dirait pas l'histoire? Interrogez-la; demandez-lui, mais avec une attention loyale, si le catholicisme fut jamais funeste aux intérêts véritables de la France; demandez-lui si l'Église a été une marâtre pour sa fille aînée. Cette étude vous rendra tout ensemble catholiques plus reconnaissants et meilleurs patriotes. Mais de plus elle vous fera concevoir un doute, si même elle ne le résout pas. Quand, au nom de l'intérêt national, on prend ombrage de l'enseignement catholique, est-ce bien pour la patrie que l'on s'inquiète? N'est-ce point plutôt pour ce maître changeant, à la fois anonyme et personnel, qui se nomme l'État, et dont l'intérêt, hélas! ne se confond pas nécessairement avec celui de la patrie? Dans les frayeurs que l'on affiche n'y a-t-il pas un aveu implicite? N'est-ce pas reconnaître le catholicisme comme l'ennemi né de tous les abus de la puissance et comme l'âme de toutes les vraies libertés?

Oui, sans doute, chers amis, le catholicisme est, par certains côtés, plus large que le patriotisme; il ne s'arrête pas aux frontières, il ne finit même pas où finit le monde, puisqu'il unit le monde au ciel. C'est ici qu'il faut élever nos pensées.

Deux principes, deux forces plus que jamais manifestes sollicitent à la fois le patriotisme à sortir de lui-même, à s'élargir : d'une part la charité catholique, de l'autre le radicalisme cosmopolite. Rien de plus opposé que ces deux principes, et cependant leur tendance et leur action paraissent tout d'abord semblables, tant il est vrai que l'un des deux singe l'autre en même temps qu'il le combat.

La charité catholique voit dans tous les hommes des frères, mieux que des frères de sang et de race, des frères d'âme et de destinée surnaturelle. La charité catholique a pour idéal un seul bercail sous un seul pasteur, une seule famille adoptive sous un père qui est Dieu, autour d'un commun frère, Jésus-Christ, l'aîné de l'humanité rachetée et divinement ennoblie. Tout cela, mes chers enfants, c'est votre foi, et bien qu'il s'agisse en tout cela d'une fraternité spirituelle, impossible que l'ordre temporel n'en ressente pas quelque influence.

Par contre, le radicalisme fait grand bruit de fraternité humaine; il parle quelquefois des États unis de l'Europe, en attendant peut-être les États unis du globe; il a ses entreprises internationales, cosmopolites, humanitaires, ses sociétés jadis occultes qui, dans leurs heures de franchise et de hardiesse, se déclarent indépendantes de toute patrie, supérieures à tout intérêt moins large que le monde et l'humanité.

Vous le voyez, des deux parts, c'est l'unité qui se poursuit, l'unité plus vaste que celle des nations et des empires; mais ici on la requiert au nom de l'homme, ailleurs on la désire au nom de Dieu.

Et maintenant entre ces deux actions semblables d'apparence, entre ces deux principes si opposés en réalité, que devient le patriotisme? Est-ce du catholicisme qu'il doit se défendre? Est-ce du radicalisme cosmopolite? Est-ce, comme plusieurs l'estiment, de tous les deux à la fois ?

La réponse est haute et simple.

Chers amis, prenez-y garde, il peut y avoir en fait dans le patriotisme deux aspects et comme deux côtés, l'un étroit, l'autre large, l'un mesquin, l'autre généreux. Il y a le dévouement qui attache et sacrifie l'individu au public, le citoyen à la patrie; mais il peut y avoir l'égoïsme collectif, l'égoïsme de corps et de nation, qui soulève peuple contre peuple aux dépens de l'humanité.

Or que fait ici le radicalisme cosmopolite et soi-disant humanitaire?

Notez que, en avilissant la famille, en renversant les autels, en jetant au vent les traditions, il supprime déjà le patriotisme avec les éléments même de la patrie. Mais ce n'est pas tout. Si le dévouement n'a plus d'objet, l'homme n'y a plus d'aptitude. Le radicalisme a exalté sans mesures les convoitises individuelles; c'en est fait de l'abnégation et de l'amour; on ne s'armera point pour la défense du pays, et, si l'on y trouve intérêt, on s'armera pour sa ruine. Est-ce de l'histoire, mes chers enfants?

Et que devient entre peuples cette fraternité si vantée? Depuis que le radicalisme en parle, coule-t-il moins de sang par le monde? Aussi bien l'on se trahit. Ce n'est point la fraternité universelle que l'on prépare, c'est la coalition universelle des souffrants contre les heureux. Je cite ce qui se lisait, il y a huit ans, dans la plus célèbre des revues contemporaines : « Il n'y a plus de Pyrénées, dit un jour Louis XIV; mais la Révolution ne se contente pas de si peu; il n'y a plus ni mers, ni fleuves, ni montagnes qui l'arrêtent. Elle nous déclare nettement qu'il n'y a plus de démocraties nationales, qu'il n'y a plus qu'une seule et même démocratie, régie par un seul et même désir, un même vouloir et un même intérêt...

Ce n'est rien moins qu'une moitié de l'humanité civi-
lisée qui se propose de se jeter sur l'autre et qui en fait
nettement l'aveu (1). » Ainsi le radicalisme a tué le
dévouement qui fait le patriote, et quand il prétend
élargir le cœur humain à la mesure même de l'humanité, il ne sait que liguer tous les envieux pour un
immense fratricide.

Grâce à Dieu, le catholicisme entend d'une autre
manière et le patriotisme de l'individu et la fraternité
internationale. Mère des nations modernes, l'Église les
avait faites sœurs, vraiment sœurs, dans cette famille
de peuples qui s'appelait la chrétienté. Impuissante à
prévenir toutes les guerres, elle avait accepté bien
plutôt qu'imposé cet arbitrage pacifique dont le bien-
fait remplit l'histoire. Or je vous ajourne à l'âge de
l'expérience. Quand vous aurez plus vécu, plus
souffert peut-être, vous jugerez librement si les
nations ont gagné à chercher ailleurs la solution de
leurs querelles. Quoi qu'il en soit, l'Église catholique,
la mère universelle, s'est occupée sans relâche d'adou-
cir ce que le patriotisme peut avoir de farouche et
d'exclusif. En même temps elle développait de toutes
ses forces, elle développe encore—la France le sait—tout
ce qu'il a de généreux et de noble. Le prouver serait
répéter ce discours, et il faut conclure. Disons d'un

1. Em. Montégut. Les Transformations de l'idée de patrie, *Revue des Deux-*
Mondes, 15 novembre 1871.

mot : le catholicisme est par excellence l'école du patriotisme, parce qu'il est par l'excellence l'école de l'abnégation.

Mes chers enfants, vous serez bons Français, parce que vous resterez catholiques. Non que je revendique pour vous le monopole du patriotisme. D'autres, moins riches de foi, marcheront avec vous dans la voie du dévouement, mais, qu'ils le sachent ou non, ils le feront en vertu d'un principe tout chrétien et par la force conservée d'une habitude toute chrétienne ; mais encore y aura-t-il dans votre patriotisme une lumière, un feu, une allégresse dont ils seront étonnés.

Disciples de l'enseignement catholique, non, vous n'entrerez pas dans la patrie moderne comme dans une terre étrangère. Français de l'école de Jésus-Christ, vous ne constituerez pas dans la France contemporaine une je ne sais quelle autre France incapable d'aimer et de comprendre sa sœur. Très sûrs et très fiers de la vérité que Dieu vous donne, vous serez très modestes parce qu'elle vous vient de lui seul ; vous serez très indulgents à ceux qui l'ont reçue moins complète ; vous serez pleins de compassion pour ceux qui l'ont volontairement perdue. Non, la tolérance envers les personnes n'est point le fruit naturel du scepticisme ;

bien au contraire, c'est la vérité seule qui inspire la charité.

Quoiqu'il en soit des dissentiments religieux ou politiques, vous vous rencontrerez avec toutes les nobles âmes dans un amour ardent pour le pays, dans une loyale volonté de vous dépenser à son service.

On vous a dit que le catholicisme fait par excellence le patriote, et on vous l'a prouvé sans peine. Que la meilleure preuve soit votre vie! Nous y comptons, et la France et Dieu.

827. — Paris. — Imprimerie Saint-Générosus. — J. Mersch, 33, boulevard d'Enfer.

www.ingramcontent.com/pod-product-compliance
Lightning Source LLC
Chambersburg PA
CBHW051204050726
47594CB00007B/3050